꽃 위의 잠

인문학 시인선 021

꽃 위의 잠
박 담 시집

제1쇄 인쇄 2024. 8. 25
제1쇄 발행 2024. 8. 30

지은이 박 담
펴낸이 민윤식
펴낸곳 인문학사

등록번호 제 2023-000035
서울시 종로구 종로19 르메이에르 종로타운 1030호(종로1가)
전화 : 02-742-5218

ISBN 979-11-93485-16-3 (03810)

ⓒ박 담, 2024
Printed in Seoul, Korea

*잘못 만들어진 책은 본사나 구입하신 서점에서 교환하여 드립니다.
*이 책은 저작권법에 의해 보호받는 저작물이므로 저작자와
 출판사의 서면동의 없이는 무단 전재와 무단복제를 금합니다.

인문학 시인선 021

박 담 시집
꽃 위의 잠

인문학사

시인의 말

상처와 슬픔과 그늘이 시를 쓰게 했습니다.
꽃배 띄워 멀리 떠나보냅니다.
눈 밝은 누군가의 가슴에 닿길 바랍니다.
모든 인연들이 주어로 반짝이길 기도합니다.

　　　　　　　　2024년 천마산에서
　　　　　　　　박 담

contents

005 시인의 말

제1부 – 타투

012 천마산에서 보내는 편지
013 자루
014 산 같은 남자를 보면
015 호두
016 흑백 사진
017 언니야
018 자귀꽃 그늘에서
019 눈먼 사랑
020 눈부처
021 초생달 그네
022 별빛 같은 부름말
023 자반고등어
024 동묘
026 춘장대 동백정
027 타투
028 보시
029 길채비
030 시를 하는 아가
031 자서
032 지지미 술집에서

제2부 − 꽃벼랑

034　꽃 위의 잠
035　겨울 산 1
036　겨울 산 2
037　풀벌레 소리
038　옹이의 문체
039　소리 없는 기척들
040　수창포
041　진달래
042　벚꽃
043　능소화
044　몰래
045　하늬바람 떼 지어 다니는
046　하늘 아래 첫 절
047　새벽예불
048　바람의 길목
049　고군산도
050　수종사
051　백 리 섬섬
052　돌배꽃 마을
053　뒷물 훔치는 소리 들어 봐
054　화산

제3부 – 꽃송이 같은 약속

056 하얀 거짓말
057 시여
058 첫사랑
059 매미
060 뒤
061 그믐에
062 새내기
063 오월
064 봉선화
065 재회하다
066 꼬막
067 낙화
068 고깔제비꽃
069 빗소리에, 문득
070 냄비의 마음자리
071 봄비
072 오늘
073 필사하다

제4부 – 꽃피렵니다

076 부레옥잠
077 술렁이는 봄을 담아
078 꽃물 등본
079 돌풍
080 밤송이의 말
081 뒷손
082 노숙
083 너머
084 무명씨의 독백
086 수묵화
087 문턱에 걸린 봄
088 우수
089 그 장마
090 바투바투
091 괜찮아, 함께여서
092 하늘로 가는 길
093 홀로 걷는 달
094 갈대의 고백
095 구월의 무늬
096 어느 시인

해설
097 언어의 향기로 담아낸 삶의 무늬와
    영혼의 무게를 재는 저울
    −박담 시집 『꽃 위의 잠』에 대하여/박수진

제1부

타투

천마산에서 보내는 편지

저 산 구름바다에 잠긴 거 보세요
산마루 넘실거리는 운해로 이어지다 끊긴 섬들
화도에서 진접까지 발끝 대고 있어요

사슴 발목 담그던 샘을 지나 관음봉에 미치면
산 바라기한 책장이 쉬엄쉬엄 넘어가듯
그대와 엮은 세월 뒤따라와
서사문 같은 능선으로
서정시 같은 오솔길로 보였다 사라지고

새들의 눈물자리 노랑 단풍으로
다람쥐 사랑자리 빨강 단풍으로 물들어
부신 햇빛에 뒤채는데
허공을 날던 바람새도
바다 협주곡에 빠져 떠날 줄 몰라요

숲의 팔만사천법문 독차지한 산골 여자가
그대에게 먼저 보여주고 싶어
오는 길 열어 놓고
연필 글씨로 비질하고 기다리니
와서 저 산 구름바다에 잠긴 거 같이 보아요

자루

소리와 걸음을 잃어 구멍 난 자루가 된 그

업은 쌀섬으로 뼛속에 바람이 업히고
책가방을 멘 올망졸망한 새끼들은 신발끈을 맸습니다

나는 그 등에 밥풀로 붙어 꿈을 셌고
자루에 쌀을 퍼 담듯 그는
밤늦도록 엄지와 검지 비벼 넘기는 소리로 다음을 헤아렸습니다

되레 밥을 버느라
진득이 끼니 밥상을 받지 못한 채
쉼 없이 일어섰던
그는 식은 밥과 불어 퍼진 면을 먹었습니다

아-, 헉헉거리다 놓친 일이 어디 따듯한 밥뿐일까요

마음을 열고 닫듯
망연히 누르는 그의 생일이 내 집 비밀번호인데

그 구멍 난 자루에 내가 들어가
햇빛과 달빛으로 기워 보다
환한 어제와 컴컴한 오늘을 걸머집니다

산 같은 남자를 보면

산 같은 남자를 보면
바람꽃처럼 살며시 숨어들어 흔들고 싶다
등콧길 자전거 태워 주던
아버지 허리를 붙들듯이
그렇게 붙잡아 매고 싶다
찰싹 붙은 도꼬마리라도 좋을까
아니 샘물로 그에게 배어들어
겨드랑이에 간지럼을 태우고 싶다
그의 깊은 눈동자에
달빛으로 스며들어 일생을 찰랑거리고 싶다
숫제 그의 무릎에 누워
흘러가는 하늘이 되고 싶다
산 같은 남자를 보면

호두

깨져야 비로소 얼굴을 내미는 한 줄 내력,
별과 꽃으로
내 울퉁불퉁한 고랑에 새겨져 있어
겉은 강해도 속은 여린 나
혹여 거칠게 덮칠까 조마조마하여
온몸을 바들거리며 숨을 고르고 있어
감질나는 내 속살 맛보고 만지려거든,
처음처럼
살살 한 겹 한 겹 벗겨 줘
사랑도 처음 기우는 쪽으로 자라거든
부서져 기절초풍하면
몸과 마음이 멀리 도망가 버리거든,
제발 무릎걸음으로 살살 다가와
연골 닳도록 나를 데리고 놀아 줘

흑백 사진

청계천로 10가길
마른버짐 핀 지붕과 기미 낀 사거리에
반생의 아버지가 등짐 지던 여주쌀집이 있었다

미장원 간판이 알림문자처럼 나풀거리는 거기에
고대기를 든 젊은 엄마 같은 여자
거울 속에서 오늘을 말아 올리고 있다

골목 어귀 함바집에서
돌아가신 엄마 동갑내기 친구는
올망졸망한 사 남매 홀어미이던 그때처럼
여든 둘의 쪼글쪼글한 손으로 혼자 생을 꾸리고 있다
흑백 사진 같은 어제를 끌어당겨

엄마 밥을 먹듯 그분 밥상을 받는다
반백의 내가 여전히 갈래머리 쌀집 큰딸이 되고
그 밥상에 예전처럼
다섯 동생들이 모여들어 분주한 수저질을 같이한다

언니야

꼬부랑말 배우고 자유의 여신상 보러
아빠 따라간 여섯 살 언니야,
네 살짜리 나는
세 밤 자면 올 줄 알았는데
열 손가락 다 꼽아도 안 오네
하나뿐인 내 동생이라며
세수 시켜 볼 쓰다듬던 언니야,
장난감 빼앗아 토라진 걸까
그래서 집에 안 오는 걸까

전화하면 나 보고 싶다는 말 없이
흰 사람 검은 사람 많다고 자랑만 하네
하나뿐인 내 언니야,
엄마와 놀잇감 독차지하면
신날 줄 알았는데
맨날 혼자 놀아 눈물나고 심심하네
바람구두 한 짝씩 언니랑 나눠 신고
둘이 자주 오고가고 싶네

자귀꽃 그늘에서

　복닥거리는 마음을 끌어 자귀꽃 그늘에 주저앉힙니다
　초록 지붕 사이로 꽃잎이 홑이불처럼 펄럭거리고 있습니다
　한때 우리도 비 들이치는 처마 밑에 신발 두 벌 벗어 둔 채
　분홍 이불 속에서 달싹거리는 허기를 채우려고
　오른손으로 왼뺨을 쓰다듬으며
　서로의 숨결 끌어당긴 봄밤들 지나왔습니다
　바람과 눈물 맞들고서 자그락거리는 자갈밭도 건너왔습니다
　우리에게도 머리 감겨 꽃핀 꽂아 주던 눈부신 날들 있었습니다

　숲에 가린 오솔길에 쌀뜨물 같은 어스름이 내려앉고 있습니다
　때론 입다 입다 닳아빠진 단벌옷으로
　때론 읽다 읽다 외워 버린 단행본으로
　설렘과 호기심조차 없는 희미한 당신을
　그 분홍 홑이불에 걸어 둔 채 돌아왔습니다
　떨군 꽃핀 같은 젊은 사내 데려와
　예전을 쓰다듬듯이 매만지고 펼쳐 읽습니다
　들끓던 마음이 어느새 잦아들어 있습니다
　집안에 그릇 부시는 소리와 쉰 소리가 섞여 흘러가고 있습니다

눈먼 사랑

햇물 진 양달에 봄눈처럼 왔다가는
어린것들,
꽃신 두 켤레 나란히 코 맞춰 세워 두고
별꽃 같은 목구멍, 밥 넘기는 소리에
웃음꽃 피우다가도
잠시 훌쩍이는 콧물에
지레 눈시울 붉어져
찔찔거리는 콧물 혀로 핥아 주며

그리움의 빚을 갚듯
가진 거 오롯이 내주고도
꾸어서라도 더 쥐어 주게 되는,
온 생을 풀어 건네는 희끗한 여자

눈부처*

웅크린 태아의 그
꽃물 든 발꿈치를 드러낸 채
손바닥만 한 요양병원 그늘에 잠겨 있습니다
나는 점차 여울물로 굽이치고
그는 점점 맹물처럼 고요해지고 있습니다

그는 투레질의 입김으로
바람벽에 할 말을 쓰다가
손뜨개질로 팔소매를 말아 올리다
내 손등에 울음 고리를 올올이 풀어놓습니다

흔들개비를 쫓듯
그의 여린 눈망울이 나를 따라오고 있습니다
아기 어르듯이
발그레한 내 눈동자가 그를 따라다니고 있습니다

두 사람의 눈 속
서툴고 애잔한 하루하루가 밀려가고 밀려옵니다
빈 메아리처럼
긴 흐느낌처럼

*눈부처 : 눈동자에 나타난 사람의 형상.

초생달 그네

명주옷의 그가
적요한 가을볕을 드리우고 있습니다

헌 신발이 된 새끼들이
물먹은 벽지처럼 처져 있다가
그가 차린
두레밥상에 모여 앉아
밥을 먹고 뉘우침을 삼키고 있습니다

헌 신발들은 울음을 쥐어 배웅하고
그는 토닥거리다가
낯선 기착지를 홀로 갔습니다
귀갓길 웃음 띠며 마중 나왔던 그 봄날처럼

그 밤 하늘마당에는
달무리 그네를 걸어 놓은 초생달이
등을 밀어 주며
내 슬픔을 한소끔 밀어내고 있습니다

별빛 같은 부름말

내게 어느 누군가는
박보살님으로 불러
진흙에 더럽히지 않은 연꽃처럼
말갛게 피어나란다
또 어느 누군가는
박선생님으로 불러
또박또박 쓴 글씨체처럼
정연하게 써내란다
그 별빛 같은 두 호칭
거저 남의 옷 빌린 것 같아
낯설고 부끄러워 얼른 숨고 싶다

하지만 그 누가 작은 목소리로
박담시인, 박담시인, 속삭여 준다면
맞춤옷을 걸친 듯
그이의 구부정한 등 뒤 슬픔을 다독여
오래오래 글썽거려 주고 싶다

자반고등어

한 겹 민소매도 거추장스러운 한증막 열기에
어미가 칭얼거리는 아가를 포대기에 업고 지나간다
소금 자루를 땀벌창 등허리에 맨 듯
진땀이 삐질삐질 흘러내리는데
겹겹이 옷을 껴입은 어미는
고단하거나 지친 기색은 전혀 없어 보인다
오히려 둘이 푸른 바닷물 속을 헤엄칠 때처럼
날렵하고 가뿐한 걸음을 옮기며
등 뒤 쌔근거리는 숨소리에 세상을 다 얻은 양
길바닥에 콧노래를 흘리기도 한다
저토록 한 사람에게 쏠린
사랑의 무게는
무거움과 가벼움이 자리를 바꿔 앉도록 하나보다
소금 자루를 땀벌창 등허리에 맨 듯한
내 글쓰기도
저들의 푸른 그늘막에 들더니
드디어 한 줌만큼 졸아들어 있다

동묘

오십 넘어 늦공부를 시작한
엄마는
초등학교 중퇴였습니다

새벽마다 아버지는 엄마 도시락을 싸서
청계천을 함께 걸어
검정고시 학원이 있는 동묘까지
엄마의 무거운 가방을 들어다 주었습니다

시들어 가는 사랑에 윤기를 내듯
저녁마다 아버지는
엄마 책가방을 뒤져
빈 도시락을 거듭거듭 닦았습니다

우주 속 한줄기 빛을 찾아가는
엄마는
미적분을 풀듯
글의 미로를 헤쳐 나가
흐린 눈과 어둔 귀가 점점 밝아져 갔습니다

진학이 몇 번 왔다갔고,

대입 검정을 치른

엄마 등 뒤에서 아버지가

빈 가방에 꽃노을을 주섬주섬 담으며

환하게 웃고 있었습니다

그 동묘 길에서

낯익은 가방과 도시락이 햇살을 싸고 풀고 있습니다

춘장대 동백정*

갯비린내 복작거리던 춘장대 동백정
화력발전소 일하러 뜨내기로 찾아든
어린 부부의 단칸방
가림막은 찢겨 팔랑거리고
벌이 따라다니는 보따리장수처럼
여벌의 세간들
방 귀퉁이에 박스로 쌓아 둔 채
수저 두 벌 이불 한 채
신접살림한다고 벌여 놓았다

끼니때면 제집인 양 드나드는
집 떠난 청춘들
나물 두어 가지 놓인 밥상에 둘러앉아
윗사람의 꾸지람을 하소연하다
놓친 여자 얘기 들먹이다
집어등 불빛 같은 환한 바람들
떨구고 돌아가면
풀어놓은 쌀자루 금시 동나서
박박 쌀독 긁는 소리
파도 소리가 내내 덮어 주면
떨어지는 동백꽃이 추임새로 툭툭 채워 주웠다

*충남 서천군 비인면 마량리에 자리한 서해 바다를 낀
동백숲과 노을이 아름다운 곳이다.

타투

저 얼레빗 성긴 둥지에 숨골 팔딱거리는
조알 같은 새끼들 고물거린다
어미가 밥벌이를 나간 사이
마른번개 번쩍번쩍 지붕을 칠 때에도
찬 방고래에 누운 어린것들
서로의 온기 더듬으며 무서움 달래고 있다

혀짤배기 어리광 터지던 행당동 1번지
오누이 흙비에 받쳐 둔 양푼처럼 잠겨
행상 나간 엄마 기다렸다
빈 배 달그락거리면서
혓바늘 선 어린 누이에게 빵 덩어리 밀어주고
남은 부스러기 제 입에 오물거리던 열 살 오빠
한 벌 뿐인 우비마저 벗어 준 채 빗속으로 사라졌다

가끔씩 손깍지 끼며 기척 떨구었는데
누이로서 등을 대주지 못한
후락朽落의 물음들
저 얼레빗 성긴 둥지에 마른번개 칠 때마다
가시로 쑤시는 흔적으로 새겨져 있다
때론 바람꽃처럼
때론 은사시나무처럼

보시*

풀꽃은
구부정한 허리로
흙바닥에 꿇어앉아

이슬방울로 입술만 적셔도
벌 나비에게
제 몸을 몽땅 내주어
흔쾌히 밥상을 올리는데

허리 곧추세운 채
매끼 고봉밥 먹는 나는
어느 누구에게
서슴없이 밥 한술 덜어 준 적 있는지

*보시 : 조건 없이 남에게 재물이나 불법을 베풂

길채비

그 겨울 혜화동 병실 창
겹꽃의 성에가 달라붙어 있었다
코에 꽈리 같은 호흡기를 낀 초로의 여자
꽈리를 불듯 거친 숨결에도
팔순 어머니가 쑨 팥죽을 마치 처음 맛본 음식인 양
음미하다 음미하다 마음을 한술씩 떠먹었다
배냇저고리 갓난이가 눈은 못 떠도
어미젖을 더듬거려 초유를 빨듯
그녀 이마에 진땀이 송골송골하였다
길채비하다
홀로 남겨질 노모를 헤아린
둘만의 팥죽 만찬,
슬픔의 강물에 허우적거릴 때마다
언제라도 저을 수 있는 노櫓처럼
훔칠 손수건 하나 쥐어 주는 일이었다

시를 하는 아가

도대체 그 실마리가 어딘지 몰라

별을 닦는 아가는
새순 같은 입술을
천만 번 달싹여
홑소리 하나를 겨우겨우 꺼내고 있어

별을 닦는 아가는
꽃망울 같은 엉덩이를
천만번 출렁거려
물결 한 점의 배밀이를 간신히 끌어내고 있어

별을 닦는 아가가
첫발을 별꽃처럼 찍어
세상으로 걸어 나오면
저리도 애를 쓴 만큼 사랑받게 될 거야,
그러면 시가 다정히 말을 걸어올 거야

자서

상봉역 지하철 유리문에 흐릿하게 떠밀려 간다
세월 끌고 온 여자가,
긴 외투로 이력도 가리고
꽃단장으로 이름, 나이 감춘 채
외딴섬으로 끼어 있다
어디 가는 노선인지 두리번거리다
머리를 쓸어 올리는 자글자글한 손등,
눈시울에 물기가 묻어 있다
아무리 익명의 섬에 숨어 지낸들,
틀린 맞춤법처럼 적어 놓은
그 얼굴의 표정 주름이 말없이 건네는 명함이고
일일이 기록한 자서自序이다
싸고 싼 사향내의 여자가 인파에 떠밀려 간다

지지미 술집에서

남편 바람기와 손찌검에
양은 술주전자처럼 찌그려져 있다
갈라선 그녀
취기 오른 목소리로 농담 같은 속내를 털어놓는다
발그레한 얼굴로
뾰족 구두 곁에 검정 구두 나란히 벗어 둔 집에
다시 사내 몸내를 들이고 싶다는 그녀
하루 아니 반나절이라도
그 검정 구두 따라가 술주정뱅이 남편에게 하듯
해장국을 끓여내고
그 사내 등에 기대 숨소릴 포개고 싶어한다
환멸이 빠져나간 자리에 환상이 어슬렁거리고 있다
내리치는 작달비가 후드득후드득
그녀 말끝을 흐리게 하든 말든
맨정신에는 남자라면 넌덜머리난다고
체머리 흔들더니
다시 여자로 꽃피고 싶다는
속 다 비운 양은주전자 모로 쓰러진다

제2부

꽃벼랑

꽃 위의 잠

하루의 수저질을 마친 부전나비 한 마리
사람들이 오가는
간이침대 같은 망초꽃에서
어스름을 덮고 풋잠에 빠져 있다
두 날개가
가라앉았다 떴다
자다 깨다를 반복한다
노櫓를 놓친 돛단배가
밤바다를 흘러가는 것처럼
기우뚱거리는
그 야윈 잠결
어떤 걱정이 따라오는지,
가위눌림에 온몸을 떨듯이
꽃 벼랑을 오르내리는

그 밤
불치병 아내를 돌보던 사내가
중환자실 문 앞을 오락가락 서성이고 있다

겨울 산 1

꽃 속에 놀던 저 사내
가진 거 죄다 털리고 늘그막에 맨몸이네
한기가 골수에 사무치건만
부끄러움을 아는지 모르는지,
속곳마저 벗어 던지고
속속들이 알몸을 보여주네
저 적나라한 몰골을 흘끔거리다
돌출된 바위가
허벅지에 박힌 새까만 얼룩점으로 보여
귓불까지 달아오르네
그 모습 민망했던지,
누군가
간밤에 흰 홑치마로 설풋 가려 놓아
은근히 눈웃음 흘리게 되네

겨울 산 2

점잖은 저 사내
숨김없이 제 본모습을 보여 주네요
엉덩이 들썩거려
줄방귀 실선으로 길게 그어 놓고
흰 살비듬 점점이 뿌려 일러두기하고
부싯돌 맞부딪치는
이갈이 배경음으로 깔아둔
저 사내의 민낯 자서전
온몸으로 지어낸
흉내말의 한정판이지만
솔직한 고백으로 인기몰이 중이네요
그 후속편에 예약까지 걸려 있네요

풀벌레 소리

초록 공책에 몰래몰래 끄적거려 놓은
삐뚤삐뚤한 네 습작시,
누가 귀 기울어 주든 말든
누구 가슴에 닿든 말든
저리도 골몰하여 썼다 지웠다 할까,
비록 무명 가수로 노래하다 가더라도
허드레, 허드레소리는 없단다,
그 노래 저작권자는 세상의 너 한 사람뿐이란다

옹이의 문체

저 늙은 자작나무 밑동에는
옹이가 아름다운 문채로 새겨 있습니다

세 다리로 걸어온 그는 부목 같은 지팡이로
길의 공책에 한생을
점자처럼 꾹꾹 찍어 읽고 썼습니다
불구로 기우뚱거리는 그의 등 뒤엔
냉대와 멸시의 비웃음이 늘 쫓아다녔습니다
그러나 누구나 크든 작든
마음의 옹이가 있는 걸 미리 알았을까요,
그는 뒤뚱 걸음으로 언저리를 겉돌았지만
떠돌이별 같은 아이들을,
그의 품에 머물다 내보내는
기적의 나이테를 그리고 또 그렸습니다

굴곡진 궤적을
아름다운 문체의 옹이로 새긴 그 자작나무에게
말간 달빛도 오래도록 살다 갔습니다

소리 없는 기척들
-저녁놀

쉼 없이 달려온 저 하늘 사내
집으로 돌아갈 채비를 하고 있습니다
양귀비꽃 물든 둔덕에서
하루를 닦고 마음을 씻고
후미진 골목에 접어들어 있습니다
그 무렵
녹초가 된 그를 맞이하려는지,
감파란 대문을 나선
어린 별들이 희미한 불빛을 낀 채
재잘거리는 그림자를 데리고
그에게로 가까이 다가오고 있습니다
저 거미를 건너는
소리 없는 기척들이 마냥 눈물겹고 아름답습니다

갱년기의 여자가
까치발을 들어 한동안 문밖을 기웃거리고 있습니다

수창포

물구나무 선
벌받는 아이가
온 생을 바둥거려
꽃망울 하나
겨우 땅 위로 밀어 올린다
그 슬픈 몸짓의 서투름이
꽃잎 하나
간신히 허공으로 들어 올린다

진달래

이 덴 가슴 무두질하는
그리움이여,
저린 속 회오리치든 말든
저기, 저 산 진달래는
저리도 붉은
춤사위를 설레설레 풀어놓는지

벚꽃

아기의 삐져나온 배꼽에
태우는 간지럼들

초경하는 소녀의 치마에
묻어 있는 얼룩들

마당가에 엎어진 신발들

비설거지하듯
화다닥화다닥 거둬들인다

능소화

골목 돌아간 사내를 하염없이 고개 빼고 내다보는 여자
부재중인 사람을 그리며 허공에 흐느끼는 천개의 나팔 소리
꽃불로 끓어오른 마당귀에 끼얹는 한 바가지의 나비물*
신열에 들뜬 이들 가라앉힌 채
대거리한 여름을 질질 끌어가는 여린 무녀의 씻김굿

*나비물 : 옆으로 쫙 퍼지게 끼얹는 물.

몰래

햇살 수런거리는 산사나무에
박새 한 쌍
수저 한 벌처럼 놓여
서로서로 물끄러미 쬐고 있다
따로따로 몸치장으로 깃털 손질에 부산하다
제 눈길이 닿지 않는 등 쪽
부리로 번갈아 상대의 깃을 쪼아 준다
짝의 가려운 데 긁어 주나 싶게
매만져 챙겨 준다
잔소리로 조잘거리든
풀씨 몇 톨로 허기를 때우든
짝지가 있어 뒷손을 댈 수 있다
그 고요한 어루만짐으로
둘은 허공을 맘껏 튀어 오른다

하늬바람 떼 지어 다니는

하늬바람 떼 지어 다니는
거기에
몸과 마음이 설레발치는 건
가쁜 호흡 발딱발딱 몰아쉬는
동막해변
낙조가 토해 내는 절명시도 아닐 거예요

크고 작은 섬들이
밥공기처럼 엎어져 있는
거기에
몸과 마음을 퍼 나르는 건
밥상에 식구들이 모이듯이
그 섬들 상모서리로
고봉밥의 햇살이 둘러앉는 것도 아닐 거예요

여름코스모스 노란 꽃불 들끓는 개울가
거기 거기에
바닷바람이 앉은뱅이책상의 책을 훑어 넘기는
그 다락방 시렁에 술 그득히 쟁여놓고서
발끝 세워 기다리는 그대가 있어
몸과 마음이 시도 때도 없이 떠내려가고 있어요

하늘 아래 첫 절
-봉정암 가는 길

물길 따라가다

백 개의 물거울 같은 소(沼)에

세속 허물 맑디맑게 헹구고 올라갑니다

산길 짚어 가다

불두화가 적막처럼 핀 영시암,

그 툇마루에 기대

해바라기 하는 노승께 삼배를 드리고 또 올라갑니다

밤낮없이 좌선(坐禪)하는

키 작은 돌탑에

손부채질로 바람 공양 한 줌 올려놓고 거듭 올라갑니다

덜고 덜어 겨우 가닿은 하늘 아래 첫 절에선

개밥바라기별이 맨발로 뛰쳐나와

밥 연기를 길어 올리고 있습니다

가진 게 하나 없어 걱정거리도 없습니다

새벽예불

오래오래 걸어, 높이높이 올라간
하늘 들머리 암자

하늘 대문에 초롱불 거는 반디의 날갯짓 소리 세 동이
골무 낀 보름달이 솔잎 박음질하는 소리 열두 필
어린 별들이 마당을 후다닥 뛰어다니는 발소리 칠십 평
어미 젖뗀 새끼 노루가 보채는 소리 백팔 섬

바람의 길목

거센 바람의 꾸지람이 수시로 떨어지는 선자령 굽이굽이 길
고래고래 악쓰는 그 소리에 숲이 납작 엎드린다

나무들은 얼굴을 감싸 쥐고서
바람의 매질을 속으로 속으로 삭이다 오히려 품이 넓어져 있다

계곡물은 낮고 느린 목소리로
바람에게 대들듯이 한 말 또 하고, 한 말 또 하며 말대꾸를 늘어놓는다

다래 꽃향기와 풀잎 뒤적이는 산들바람이 밥물처럼 찰랑거리는
가마솥 같은 산마루턱

여기 숲에선
저 바람 소리에 온 생을 내맡기게 된다
그러나 나는 그 소리에 맞서 바람길 하나를 내야만 한다

고군산도

저 바다의 징검돌처럼 엎드린 섬들
살강에 부서 놓은 반짝거리는 그릇들이다
돌고래들이 튀어 올라 눌러 보는 초인종이다
반쯤 내리뜬 눈꺼풀에 가부좌 튼 수행승이다

수종사

발길 끊긴 산사에 골바람은 북적거리고
목탁 소리 홀로 분주하다

절 마당에 서서
남의 일기장 훔쳐보듯
외인출입금지 승방을 기웃거리다
둘이 하나로 흐르는 강을 내려다본다

환희처럼 찰랑이는
물이랑에 시름을 놓아 보내고
가시로 박힌
그 사람도 꽃배에 실어 딸려 보낸다

백 리 섬섬*

한 교실 앞뒤에 앉아
한 교복 입고 공부를 하는
저 백 리 섬 섬들
여태 그 자리 그 얼굴인데

그때 에메랄드 베레모 소녀들
다 어디로 떠나고 소식도 끊겼다
다행히 다행히
세 소녀 반생의 뱃길을 내어 오가다

화정면 조발도 민박집에 누워
우린 아직도 고와
우린 아직도 젊어
어린 밀물처럼 재잘거리고 있다

*백 리 섬섬 : 여수에서 고흥의 거리가 백 리에 가깝고,
섬과 섬을 잇는 길.

돌배꽃 마을*

돌배꽃이 혼곤히 핀 봄밤
낯선 사내가
그 산마을 외딴집에 숨어들었다
적막 걸친
문빗장 비밀스레 풀리고

야합한 두 사람이
동구를 빠져나가는 황톳길
싸락눈처럼
싸락눈처럼
사각사각 깔리던 돌배꽃

*문배마을 : 강원 춘천시 남산면 강촌리에 있는 산 위의
돌배꽃이 유명한 작은 산마을이다. 예전엔 화전민 촌이었지만
지금은 산채 밥집들이 길손을 맞고 있다.

뒷물 훔치는 소리 들어 봐

저기 봐, 저기 봐
출렁거리는 파도가 몽돌밭 덮치는 거 봐
들이닥치고 내치는 물보라에
굴러다니는 검은 조약돌들
뒷물 훔치는 소리 들어 봐
뽕잎 갉아먹는 누에가
사르륵사르륵
밥 넘기는 소리로 밟다 가고
사그락사그락
명지바람에 대숲 쓸리듯
지들끼리 부닥치며 몰려다니는 거 봐
다섯 친구들
와자글한 웃음보따리
떼찔레꽃처럼 통영 바다에 흩어지는 거 봐

곱씹고 곱씹어도 물리지 않는
그 돌림 노래들
고스란히 훔쳐 가
꼬리별의 초인종으로 걸어 두고서
뒤척이는 네 자장노래로
몽돌 해변
뒷물 훔치는 소리 들려 줘야지

화산*

그리움을 끌고 가 마주 앉습니다
돌쩌귀처럼
그와 영원하자는
약속을 만지작거리듯
찻잔만 만지작거리다 왔습니다

눌러놓은 그 간절한 바람들
언제 화산으로 터질지 몰라요
외레 속돌이 될망정 숨기려고요
속마음 모조리 드러내면
그리움도
울퉁불퉁한 맨바닥이잖아요

*화산 : 경기도 화성시 화산동에 있는 산이다. 장조의 융릉과 정조의 건릉이 있다.

제3부

꽃송이 같은 약속

하얀 거짓말

돌보는 네 살 손녀를
벽에 세워 줄금을 그리는
할아버지
—내 강아지, 어서 어서 커야지,
하비처럼 늙어
—물 떠 드리고, 병원 데려가고, 까까 사 줄께요
한 잎 오른 아이가
키운 정 알아주듯
꽃송이 같은 약속 몽실몽실 피워 올린다
쉬이 녹아내리는 봄눈 같은,
하얀 거짓말일지라도

시여

해질녘
자벌레 한 마리
한 뼘 졸가리 위를
풀씨만치 밀어
풀씨만치 기어가다
곤두박여도,
노을 짚고 일어난

저 자벌레
한 뼘 줄에
온 생의 배밀이를 하여
한 점, 두 점
줄임표로
밀어 기고 구르고 있다

온점은 아득히 머나먼데

첫사랑

홍화 꽃밭 샛길에
귀고리 한 짝 놓친 채 잊고 지내다

묵은 체증으로 도지고 저려 와
꿈결에 찾아가
어제를
죄다 들춰 헤친다
그 홍화 꽃밭은 온데간데없고

눈뜨면
입맞춤했던 그때처럼
뺨에 꽃베개 자국이 찍혀 있다
비껴간 입김으로
다녀간 걸음으로

매미

저 한 곡뿐인 대표곡처럼
밥벌이한 걸 평생 공치사로 우려먹는
은퇴한 남자
초록 이불 속에서 진종일 뒹굴뒹굴하다
낡은 레코드판 바늘 튕기듯이
오늘도 탁성濁聲으로 연신 밥 밥 타령하고 있다

뒤
-돌나물꽃

내 등에
잔별 같은 아기들 업혀 있어

흙바닥을
납작 엎드려 기면
뭐 어때

밟히고 밟혀 서러움 짚어
울먹울먹 일어서면
뭐 어때

이래도
나는 우주가
뒤를 대주고 있거든

그믐에
-고드름

천 길 낭떠러지
야윈 손목에 핏기 없는
저 얼굴

얼결에 놓치고
눈이 짓무르도록
긴 울음 쏟던 너처럼

한 방울,
한 방울,
글썽거리더니
미어터지는 서러움에
허물을 쥐어뜯어 흐느낀다

땅이 말가웃의 눈물방울을 되고 있다

새내기

봄 냇가에 앉아
새내기 일학년 일곱 살을 그린다

시냇물의 물무늬 공책에
연필로 받아쓰기하는 아리송한
낯빛을 쓰다
빈칸을 설렁설렁 메우는 느긋한
마음결을 채우다
지우고 지우느라
지우개 똥 도도록 쌓아 놓은
꽃다지 같은 잔손질을 괴어 놓는다

저 일곱 살 새내기에게
시냇물에 들어앉은
뭉게구름을 몇 쪽 오려 와
책받침으로 받쳐 주고
목련꽃을 몇 필 끊어다
발밑에 깔아 주고 뒤따라가련다

오월

하늘 체에 거른
햇살이 고른 알갱이로 굴려 다닌다
초록 숲에
훼방꾼의 살랑바람이
아무리 까붐질을 하여도
흘리고 떨구는 쭉정이가 없다
긴 팔 옷을 반쯤 말아 올리다
도로 추스른다

비질한 흙 마당에 흘린
조팝꽃이 예쁘다
맑고 투명한 햇살에
허물을 곰곰이 비춰 보는
너는 더 예쁘다

봉선화

보슬비 따라 추적추적 찾아와
처마 밑에서
실눈 지어 기웃거리던 여자
사랑 잃고
기억 잃어 여기저기 떠돌다
찬밥 덩이 같은 꼬투리 밴 여자
산달은 차츰 닥쳐오는데
살비듬 같은 허연 웃음 흘리던 여자

막막한 흐린 그림자
길바닥에 떨구며
엄지발톱에 붉은 꽃물 맑던 그 여자

재회하다

큰비 다녀간 산속
쪽동백 꽃들 하르르 하르르 뛰어내리고 있다
그제
어제
애무하던 그 꽃 어디 갔는지,
날개 축 처진
흰나비 한 마리
누운 꽃들의 얼굴을 하나하나 뒤적거리고 있다
소리 없는 몸짓으로
기어가다 기어가다
멈춘 어느 꽃,
어깨 울음 떨구듯이
바들바들 떠는 날갯짓으로 맴돌고 있다

꼬막

입 틀어막아 귀를 닫는다고
속까지 없을까,
내색하지 않지만
삭이고 삭이고 있거든
내게 툭툭 쏘아붙이면
거침없는 성질머리 드러나거든
삼킨 말들을
술 먹고 뱉어 내는 것처럼
단번에 다 까발려 버리거든
제발 열받게 하지 마
순한 사람이 화내면 물불가리지 않거든

낙화

누가 거들떠보지 않는
쏟아 놓은 알약 같은 이 여자도

하르르한 실크 원피스에
눈꼬리 하늘까지 치켜뜬
거들먹거리는 꽃이었다
분가루의 눈웃음 흘려
사내들 꽤나 홀리게 한
살랑거리는 꽃이었지만

간신히 꽃차처럼 고요해져
엉킨 마음 가지런히 개켜 놓고
그리움도 가라앉힐 무렵이다

고깔제비꽃

돌배기 혼자 남겨진
산모롱이 외딴집
빗장은 걸려 있고
엄마가 채워 준 기저귀와 고깔모자는
이미 벗겨져 나뒹구는

울어 울어 목쉰 아기
얼음 박힌 두 손으로 흙마당을 기어 다닌다

빗소리에, 문득

하느님도 흉허물을 보이고 싶을 땐 빗소리로

고해성사하듯
햇발을 어둠의 장막으로 가린 채 집집마다 발걸음을 하시다

속마음을 드러내듯이
보슬비 같은 밀어를 소곤거리며 기웃기웃 돌아다니시다

부아를 퍼붓듯이
장대비 같은 꾸지람을 쏟아내다 서럽게 흐느끼기도 합니다

친밀한 하느님,
묵정밭의 제 마음도 실비로 꿰매 꽃과 나비 뛰놀도록 해 주세요

냄비의 마음자리

걸핏하면 바르르한 제 성질머리
피울 대로 피우더니
지워지지 않는 그을림,
아무리 닦아 분칠해 봐도
한몸으로 찰싹 붙어 다닌다
이젠 별명이 되어 버린
그 좁은 소갈딱지,
들킬까 애를 태워
아예 조신한 척 엎어져 있다

봄비

눈도 못 뜬 채 파르르 떨리는 새순의 눈까풀들

생채기 날세라

자지러질세라

귀지 후비는 것처럼

실실거리다 사운거리네

배곯은 아기에게

동냥젖 물리듯

감질나고 곰살궂게 찔끔찔끔 떠먹여 주네

저 봄비에 옷깃을 여미며 자분자분 걸어오는

인기척에

나도 오랜만에 손거울을 꺼내 분단장을 곱게 하네

오늘

숲에게 물어보아라
곡절 없이 우뚝 선 나무 있는지
강에게 물어보아라
울음 없이 흘러온 물결 있는지
들꽃에게 물어보아라
누구의 손길로 피고 지는지

다들 꼼지락거리며
푸른 멍을 지닌 채 눈부신 생애를 빚고 있다

필사하다

노부부가 목련 꽃그늘 아래를 가지런히 걸어갑니다
흰 지팡이를 끈처럼 나란히 붙들어
당당한 걸음걸이를 옮겨갑니다
아내는 눈먼 남편의 길잡이가 되고
남편은 귀먹은 아내의 말소리가 되어
두 사람이 한 송이 꽃을 피워 냅니다
저 부부는 적막을 꾸려
에움길*을 넘어왔고 또 끌어갈 것입니다
서로의 빈틈을 꿰매 붙인
조각보 같은 사랑이,
허공에 송이송이 핀 목련꽃만큼 처연하여
한동안 바라보게 됩니다
시간이 익힌 정은
저토록 녹슬지 않은 채 깊어지고 있습니다
이 눈부신 봄밤의 고요를
목련도 하얀 꽃그늘로 필사하고 있습니다

*에움길 : 굽은 길. 또는 에워서 돌아가는 길.

제4부

꽃피렵니다

부레옥잠

그녀는 연변에 새끼들 떨구고, 이 집 저 집 돌아다니며 품팔이를 한다 갈퀴손이 티끌 한 점 없이 쓸면, 풀물 든 발바닥이 밀어 닦아 낸다 그녀의 온순한 맨발이 닿으면 남루를 걸친 것들은 반들거리는 물결무늬로 번져 간다, 낯선 곳이라도 둥지 틀어 새끼들 거두고, 그 집에 늙은 영감의 첩실이라고 사람들이 깔본 친정 어미도 들일 것이고, 백수건달 남편도 구박하며 끼고 싶어한다, 무릎 다 해진 그녀가 오늘도 난간에 간당간당 매달린 물방울 같은 꿈 하나 붙든 채 이 집 저 집을 떠돈다

술렁이는 봄을 담아
-홍임 어미가*

 묵은눈 쌓인 마재*와 달리 이곳 강진 초당에는 봄물 술렁입니다

 뒤란 차밭 새순이 간질거리는 젖니처럼 톡톡 불거질 무렵,
 마음을 끌어 두물머리로 건너갑니다
 찻잎을 덖다가 백 번 남짓 마재 대문 앞을 맴돕니다
 차 봉지를 꾸리다 여남은 번이나 서방님 베갯머리를 더듬습니다

 아름드리나무 밑 민들레 같이
 숨겨진 여자로 살망정 죽은듯이 꽃피렵니다
 오도 가도 못하는 서방님 품 헤아리기에
 바지 자락 부여잡고 매달리지 않으렵니다
 차마 그 그늘에 잠기겠다는 말도 꺼내지 않으렵니다

 그리움 토해내듯
 차 봉지에 술렁이는 초당의 봄을 거듭거듭 눌러 담아
 서방님 내미는 손길에 머무르고 싶습니다
 그렇게라도 정분의 끈 가늘게 잇고 싶습니다

*홍임 어미 : 다산 정약용이 강진 유배지에서 같이 살았던 소실이다.
 그 사이에 낳은 딸을 홍임이라 이름 짓고 매조도 한 폭을 그려 주었다.
*마재 : 남양주시 조안면 능내리의 두물머리 마을로 정약용이
 태어나고 묻힌 곳이다.

꽃물 등본*

앉은뱅이저울이 좌로 기우뚱거리다 우로 솟구치던
그때 나는 아홉 살의 사내 아이였습니다
씨종자를 모조리 잡아내는 군홧발이
온 집안을 뒤지다 뒤숭숭 찍어 놓은 마루 끝에서
화병 든 엄마가 피 울음을 토해 내고
물총놀이를 하던 나는 노적가리에 숨어 있다
잿더미 속 한 톨 씨앗이
숲을 이루고 꽃밭을 꾸리듯이 살아남았습니다

붉은 줄에 묶인 불온서적으로
붉은 낙관이 찍힌 봉인문서로
여전히 형들의 적색 그림자는
신용 불량자의 빚처럼 엮어 내리 짓눌렀습니다
크게 적게 삭감하듯
아버지는 조리돌림 발길질에 차였고
나는 떠돌다 학교를 그만두었고
아들은 꽃물 등본에 눈총을 맞고 지냈습니다
몸과 마음을 쫓기고 숨다
마침내 그 빚의 굴레에서 탕감되었습니다

지붕 없는 집처럼
너무 많은 천둥과 우레로 살던 밑줄이 겨우 빠져나갔습니다

*여수 순천 10.19사건에 두 형을 잃은 우리집은 연좌제로
33년 세월을 허우적거렸다.

돌풍

저 여름 숲에서
미처 바지춤을 추스르지 못한

한 사내가
헐레벌떡 뛰쳐나간 후
옷가지가 찢긴
젊은 여자가 피 울음을 게워 내고 있다

하늘도 진저리를 치다
사내의 멱살을 잡아
돌풍과 우레로 후려갈기고 있다

밤송이의 말

산통으로 몸부림치느라 볼썽사납다 못해 험상궂은 걸세
이래도 죽을힘 다해 새끼를 뱃속에 품은
금쪽같은 몸이라네

비록 사산되었지만
아직 발딱이는 태아가 모래집물을 찔끔찔끔 핥고 있으니
함부로 걷어차고 짓밟진 말아 주게나
어미를 그리 괄시하면 안 되는 거라네

뒷손

봄이고 처음이고 서툴러도
그들은 뒷손을 여태 받쳐 주고 있습니다

무학 할머니는 어린 감나무를 아름드리로 키워
꿈을 줍고 꿰고 먹게 했습니다

초졸 엄마는 귀띔 없이 딸 삼베옷을 꾸려 놓아
다음 생을 환한 꿈길로 비질해 놓았습니다

대졸 나는 가을이고 어둑발이고 익숙해도
아직 빈손 그대로입니다
허구의 말들을 뒷손에 쥐고 놓는 헛꿈만 꿀 뿐입니다

노숙

길냥이 한 마리
골방 같은 컴컴한 다리 밑에서
깨진 유리병으로 널브러져 있다
집안과 한데가
문을 열고 닫듯 사소한 줄 알았는데
마음에 걸쇠를 채우고 푸는 것처럼
어마어마한 일이다
그 때늦은 물음에 든
길냥이 한 마리
다스한 온기와 다정한 손길,
공처럼 굴리고 굴리다
고개를 무릎에 파묻어 통곡한다

너머

밥벌이 간 어미의 늦은 귀가에
때 놓친 뒷등이,
간이의자의 국물 없는 밥으로
허기를 허겁지겁 욱여넣는다
발그레 꽃물 든 사춘기들,
온기 없는 주먹밥을 우적거리며
태산준령
오늘을 숨차게 숨차게 넘고 있다
예습하듯 내일을 미리 펼쳐 들고
학원 뺑뺑이를 도는 그들
가지 끝에 앉은 떼까치 같아
그 사랑 없는
마른밥에 눈물 한 방울을 축여 준다

무명씨의 독백
-최복현

1

메일함에서 습작 글들이 빈번이 줄 서지 말라고 전해 주세요

이젠 아무리 기다려도 대거리할 사람이 없어요

글쓰기와 강의로 달달 볶던 휴대용 컴퓨터는 느긋하게 쉬라고

시집^{詩集}이 벗은 허물처럼 밟히면 옛 앨범을 보듯 가볍게 웃어넘기세요

갑작스런 작별을 무심하게 대할 수 있냐고 묻지도 슬퍼하지도 말아 주세요

2

비밀 쪽지처럼 귀띔 해줄 신^{神}은 어디 없나요, 죽는다는 일은

헌 몸을 벗고서 새뜻한 다른 몸으로 갈아입는 건가요

아니면 앞면의 밥숟가락을 불시에 볼록한 뒷면으로 바꾸는 건가요

그러다 안부를 묻듯이

나뭇잎에 살랑거리는 바람으로, 창문을 두드리는 빗소리로 가끔 들르는 건가요

수강생들에게 말해 주세요

저녁밥 거르며 수업 시간 대느라 헐레벌떡 뛰어올 일 없다고요

3
밥벌이 따라 떠돌아다닌 가난한 화전민 아들
요리저리 뜯어봐도 촌사람 같지 않은 순둥순둥한 책상물림
어느 누구에게 싫은 소리, 앓는 소리 못해 곪아터져 문드러진
무명씨로 살다간 최복현

4
멍든 발로 돌고 돌아 그 길 끝에 이르렀을 것이다
비빌 언덕, 다리쉼을 할 그늘도 없이
꽃샘바람에 떨리는 냉이꽃처럼 피었다 졌을 것이다
오지 않을 내일을 먹여 살리느라 오늘을 불살랐을 것이다

이력으로 여기저기 떠도는 인물 검색 괄호는
아직 눈을 못 감은 채 빤히 뜨고 있지만
살다간 집으로 남겨 놓은 몇 권의 책과
삭제하지 못한 전화번호에게
넌지시 조문해야겠다

*최복현은 충남 서산에서 1960년 태어나 2021년 1월 11일에 별세했다.
중고등학교 검정고시를 거쳐 박사학위를 받았다. 시인, 수필가로
활동하였다. 〈닥치고 써라〉 〈신화 사랑을 얘기하다〉 다수의 책이 있다.
'어린왕자'란 별명이 어울리게 현실에 발을 붙인 채 이상을 꿈꾸며
살다간 로맨티스트이기도 하였다.

수묵화

사룽천 살얼음판,
어미 잃은 어린 물새 두 마리
음표처럼 바짝 붙어
밤새 뜬눈의 자맥질을 하고 있다
멍투성이 얼은 발을
한 박자 쉬어 가는
모래무지와 습지는 찾을 수 없다
한 뼘 거리 갈밭 어딘가,
노략질하는 살쾡이가 눈알을 희번덕거리며
그들 자매의 빈틈을 훔친다
삽시에 숨결과 사랑이 무너지는 그 틈새를,
메우기라도 하듯
갈대는 목젖이 쉬도록 휘파람을 내내 불고 있다

문턱에 걸린 봄
-입춘

  산자락 그 집 대숲에

  솔바람이 쌀 씻는 소리를 풀어놓고서 줄행랑친다

  미리 이슬 터진 초췌한 몰골의 산모는 밤낮 산통을 앓는다

  정지문 틈새로 첫국 끓는 소리 몽실몽실 피어오르는데

  마당엔 진눈깨비 같은 초조한 걸음들이 해산방에 귀를 대고 있다

우수

온몸 굳은 풍 맞은 노인 같던
저 강물이
발가락과 손가락을 꼼지락거리듯이

골방에서 미동 없이 누워 있는
그 사람이
비척걸음이라도 떼어
저 강물의 심장 뛰는 맥박 소리를
보고 들을 수만 있다면,
같이 보고 들을 수만 있다면

그 장마

내리긋는 궂은비처럼 한 사나흘 들먹일는지,
제 사내 바람구멍 들추어
하염없이 울며불며하는 그 여자,
첫사랑과 칠 남매 낳아 거두며
묵정밭을 꽃밭으로 일궈 났더니…
울부짖는 흐느낌과 애끓는 하소연들
하마하마 멎을까, 숨죽여 보니
솟구치고 들끓다가 대성통곡 터뜨린다
희끗하게 곰핀 눅진한 자리에
세찬 악다구니 내리퍼부어 젖는데

거센 비바람에 휩쓸린 풀잎 같은 어린것들,
납작 엎드려 눈감고 귀 틀어막아도
천둥 번개 우르르 꽝꽝 내리치고
평생을 입 닳도록 부르던
그 돌림곡 물리지도 않는 걸까
고무줄 바지에 드러난 애잔한 발목
휘청거리고 골목 돌아다니다가
끙끙거리며 앓아눕는 그 여자,
추임새처럼 맞장구치던
장대비가 한 사나흘 줄곧 퍼부으면
슬그머니 햇살이 제자리를 훔치고 있다

바투바투

절골 갈대숲에서
여동밥 얻어먹고 한뎃잠 자는
길냥이 두 마리
하양 털실 두 뭉치로 포개져 있다

젖먹이 새끼를 낀 어미
지나는 발소리에
서슬 퍼런 두 귀를 세우고서
새끼 귀를 가려 주듯
바투바투 끌어당긴다

다가오는 인기척에는
여벌옷 껴입듯
숫제 새끼를 제 가슴에 파묻는다
마치 태아와 한몸이던 그때처럼

어미 온 생이 새끼의 파란을 덮는
액막이로 뒤척인다

괜찮아, 함께여서

밥상이 해초 더미 쌓인 바닷물로 아는
꼬맹이 멸치들
철딱서니 없이 지들끼리 시끌시끌하다

쪼끄맣고 말간 눈을 빠끔 떠 물장구를 치고
물목에서 떼 지어 장난질 하다가도
친구들과 울먹이며 서로서로 등을 토닥거린다
괜찮아, 함께여서,
얘들아 스크럼 풀면 안 돼,
냅다 번지점프 뛰어야 하거든

하늘로 가는 길

딸기 농사가 생업인 인디언들은
딸기밭을 밟아가야 하늘에 닿는다고 믿었다
나는 저 인디언들처럼
어디를 들러야 하늘 문고리를 만져 볼 수 있을까,
긴 세월 밥을 했으니 들녘을 돌아야
천상으로 이사를 할 수 있으려나,
아니 그보다 오래 읽기와 쓰기에 정분났으니
서재에 잠시 머물다 가겠다
책상 위 손때 묻은 시집을 만져 보다
밑줄 친 한 줄을 외워 외워 가
하늘 지붕에 종으로 걸어 두고서
거기 지친 사람들의 마음을 만져 주고 싶다

홀로 걷는 달
-이월

한 다스 속에 짤막한 한 자루
짝꿍 없이 앞자리에 앉아
홀로 걷는 달

누가 쓰다 만
몽당연필처럼 닳아 버린 걸까
누가 욕심나서 훔쳐갔을까
비어 버린 두어 낱

그 짧은 마디 끝을 쓰다듬어
어디다, 끼워 쓰고 싶어라
망설이다, 망설이다 품어 주던
산다화 같은
그대와 나눠 쓰고 싶어라
한 이삼 일만이라도

갈대의 고백

바람을 먹고 이슬에 잠드는 꼴에

이 여자 저 여자 찝쩍거리는 허랑방탕한 바람둥이로 알지

제발 명치끝 찌르는 송곳 같은 소리로 쑤군거리진 마

눈꼬리 치켜세운 채 건방 꽤나 부릴 줄 알거든

네게 은밀히 고백할 게 있어

잠시 귀 좀 빌려 주련,

이래 뵈도 나 속속들이 순정남이거든

아직까지 누구 손타지 않은 모태 솔로거든

구월의 무늬

여름과 가을이 줄다리기를 한다
구절초에서 입 비틀린 나비가 막술을 뜨고 있다
나무는 이별의 조짐에 날로달로 수척해진다
물빛이 그윽하고 발걸음이 가만가만하다
떠나가는 이의 빈자리에 단풍이 이삿짐을 풀고 있다
불현듯 화끈거리다 곧바로 식어 버리는 종잡을 수 없는 갱년기이다

어느 시인

후미진 골목, 입간판은 없어도
입소문 타고 찾아와
가슴 시린 누구나 불 쬐고 가는
그런 밥집 여자라면
꽃 자수 식탁에
수저 자음모음처럼 놓아두고
제철 채소 같은
시어詩語를 말갛게 씻어 안치련다
밥물 잡듯
내 안의 그늘을 끄집어내
오늘을 쓰련다
비록 변두리를 맴돌지만
마음과 품을 아낌없이 내주며
시의 밥상 정갈하게 꾸려 내며 늙어가련다

해설

언어의 향기로 담아낸 삶의 무늬와 영혼의 무게를 재는 저울

-박담 시집 『꽃 위의 잠』에 대하여

朴水鎭(시인)

1. 들어가는 말

　세상에 존재하는 모든 것들은 어떤 형태로든 그 흔적을 남긴다. 글을 뜻하는 한자인 '文'자가 무늬 또는 채색彩色이란 의미도 가지는 까닭에 인간이 살아온 무늬를 인문이라 하고 이를 연구하는 학문을 일컬어 인문학이라 부른다. 그리고 문학, 역사. 철학으로 대표되는 인문학 중 한 갈래인 문학의 정점에 시가 있다.

　언어 예술인 시의 역사는 인간이 문자를 고안하고 사용해 온 시기와 그 역사를 같이 하는데, 기원전 4000년 전 쐐기 모양인 설형문자로 기록된 고대 메소포타미아에서 지어진 '길가메시 서사시'를 시의 기원으로 본다. 고대 그리스의 호메로스 서사시 '일리아드'와 '오디세이아'는 기원전 8세기의 기록물이고 동양에서는 '시 300편 사무사 思無邪'라는 시의 정의가 담긴 공자의 『시경』은 기원전 7세기에 완성되었다. 이렇듯 인간은 자기가 살아온 흔적을 문자나 그림 등 가능한 표현 수단을 통해 세상에 남기려고 하는데 이는 생각하는 존재로서의 영혼을 가진 생명체가 가지는 본능에 가까운 행위이다.

시 창작 교실에서 귀한 인연으로 만나 오랜 세월 지켜본 박담 시인은 시를 쓰기 전부터 이미 시인의 가슴으로 살아오며 오랜 세월 담금질을 통해 시심을 숙성시켜 온 재능 있는 시인이다. 시인의 이력이 말해주듯 박담 시인은 도서관 근무를 하는 동안 글쓰기의 왕도라 할 수 있는 다독, 다작, 다상량의 첫 단계인 다독을 통해 좋은 글의 향기를 넉넉히 맡은 분이다. 그 힘을 바탕으로 전국규모 문학 공모전에서 여러 차례 수상한 경력을 쌓았으며, 좋은 시 필사를 꾸준히 함으로써 시어와 운율을 체득하는 근육을 다져왔다. 그리고 한 편씩의 시를 서두르지 않고 완성해내며 오늘에 이르렀다.

그 열정의 결과물로 펴내는 박담 시인의 첫 시집 『꽃 위의 잠』은 가파른 현대사를 살아오며 체험한 가족사를 비롯해 자연과 더불어 살아가는 평온한 삶의 모습을 향기로운 언어로 직조織造해 놓은 한 생의 무늬이며, 영혼의 무게를 가늠해 보는 저울이라 하겠다.

"시의 끈을 놓지 않고, 매일 천마산 자락에서 숲의 말을 받아 적고 있습니다"라는 진솔하고 인간미가 느껴지는 시인의 말을 가슴에 담고 시집을 펼치는 독자와 함께 기쁜 마음으로 감상의 여정에 동행하고자 한다.

2. 내면에 아로새겨진 삶의 무늬 또는 채색화

제1부에 실린 20편의 시는 시인의 삶의 흔적과 현재의 모습을 보여주는 시들로 서사와 서정이 어우러진 좋은 시의 조건을 두루 갖춘 수준 높은 작품들로 채워져 있다. "상처와 슬픔과 그늘이 시를 쓰게 했다"는 고백을 이정표 삼아 처음 만나는 시는 제목부터 따뜻한 <천마산에서 보내는 편지>이다.

저 산 구름바다에 잠긴 거 보세요
산마루 넘실거리는 운해로 이어지다 끊긴 섬들
화도에서 진접까지 발끝 대고 있어요

사슴 발목 담그던 샘을 지나 관음봉에 미치면
산 바라기한 책장이 쉬엄쉬엄 넘어가듯
그대와 엮은 세월 뒤따라와
서사문 같은 능선으로
서정시 같은 오솔길로 보였다 사라지고

새들의 눈물자리 노랑 단풍으로
다람쥐 사랑자리 빨강 단풍으로 물들어
부신 햇빛에 뒤채는데
허공을 날던 바람새도
바다 협주곡에 빠져 떠날 줄 몰라요

숲의 팔만사천법문 독차지한 산골 여자가

그대에게 먼저 보여주고 싶어
오는 길 열어 놓고
연필 글씨로 비질하고 기다리니
와서 저 산 구름바다에 잠긴 거 같이 보아요
−〈천마산에서 보내는 편지〉 전문

  시인은 번잡한 서울 생활을 접고 천마산 기슭에 집을 짓고 자연 속에 살고 있다. 자연과 더불어 사는 일상이 혼자 누리기 아까워 이렇게 정겨운 초대 편지를 보낸 것이다. 아끼고 절제한 언어로 그려낸 묘사가 한 폭의 풍경화처럼 선명한 이미지를 남긴다. 예로부터 "시는 글로 그린 그림이요. 그림은 붓으로 그린 시"라는 말이 한 치 오차 없이 어울리는 정통 서정시이다. 거기다 무정 설법을 하는 숲을 독차지한 화자인 '산골 여자'가 '오는 길 열어 놓고/ 연필 글씨로 비질하고 기다리니' 누군들 만사 뒤로 하고 달려가고 싶지 않겠는가. 한 마디 말, 한 편의 시로 청자나 독자를 공감의 품으로 맞이하는 능력은 노력보다는 아무래도 타고난 재능의 영역에 가깝다고 해야 할 것이다.

  그에 비해 1부의 제목이 된 〈타투〉는 어둡고 무겁다. 타투는 몸에 새기는 문신의 다른 말인데, 가난하고 가파른 시대를 살아온 시인이 겪은 유년의 체험이며 내면에 새겨진 지워지지 않는 흔적이다.

저 얼레빗 성긴 둥지에 숨골 팔딱거리는
조알 같은 새끼들 고물거린다

어미가 밥벌이를 나간 사이
마른번개 번쩍번쩍 지붕을 칠 때에도
찬 방고래에 누운 어린것들
서로의 온기 더듬으며 무서움 달래고 있다

혀짤배기 어리광 터지던 행당동 1번지
오누이 흙비에 받쳐 둔 양푼처럼 잠겨
행상 나간 엄마 기다렸다
빈 배 달그락거리면서
혓바늘 선 어린 누이에게 빵 덩어리 밀어주고
남은 부스러기 제 입에 오물거리던 열 살 오빠
한 벌 뿐인 우비마저 벗어 준 채 빗속으로 사라졌다

가끔씩 손깍지 끼며 기척 떨구었는데
누이로서 등을 대주지 못한
후락朽落의 물음들
저 얼레빗 성긴 둥지에 마른번개 칠 때마다
가시로 쑤시는 흔적으로 새겨져 있다
때론 바람꽃처럼
때론 은사시나무처럼
―〈타투〉 전문

    상실과 가난을 누더기처럼 걸치고 살던 우리 역사의 한 페이지, 박담 시인 또한 예외가 아니었다. 시인은 서울 청계천 변에서 쌀집 육남매의 맏이로 자랐다고 한다. 그 시절 만약 농촌에서 살았다면 동요 〈찔레꽃〉 노랫말처럼

"엄마일 가는 길에 하얀 찔레꽃/ 찔레꽃 하얀 잎은 맛도 좋지/ 배고픈 날 가만히 따먹었다오"라는 서글픈 구절의 주인공이 되었을지 모를 일이다. 지금 노인 세대를 맞은 이들이 겪은 유년의 자화상으로 지워지지 않는, 차마 지울 수 없는 공통의 '타투'인지 모른다. 그러나 다행은 배고프고 힘든 세월이었지만 어린 누이를 배려하던 오빠와 가족들의 사랑이 있었기에 오늘의 내가 있는 것이다. 지난 일은 누구에게나 회한과 후회를 남기는 법, 가지 않은 길에 대한 아쉬움이나 해 본 일에 대한 후회 등 과거는 더러 '가시로 쑤시는 흔적', 타투로 남기도 하지만 아이러니하게도 그것들이 시를 쓰게 한다.

제1부에 실린 〈흑백사진〉 〈언니야〉도 시인의 유년을 그린 아리면서도 한편 그리운 흔적의 시이다. 현재의 모습과 오버랩하도록 구성한 좋은 시편들을 독자의 평가로 남기며 페이지를 넘긴다.

3. 비유로 그려내는 일상의 사물들

언어를 가진 인간이 참으로 위대해진 것은 비유를 사용하기 때문이라고 본다. 하나의 사물을 다른 사물과 연관 지어 바라보고 사고하는 능력은 모든 새로움의 원천이기 때문이다. 비유를 가리켜 호모-로쿠엔스가 가지는 최고의 사치품이라고 하는 이유이다. 비유의 달인인 시인을 가리켜 눈만 뜨면 비유하는 습관이 몸에 밴 이들이라고 한다. 그만큼 시에 있어서 비유의 역할이 크다는 말로 시가 한 척의 배라면 비유는 부력이라고도 한다. 부력이 없는 배는

배로서의 기능을 하지 못한다는 말로 운율과 함축, 이미지와 함께 시의 본질을 이루는 것이 비유이기 때문이다.

  1부에 실린 시들이 서사와 묘사에 방점을 둔 작품이라면, 2부 '꽃잠'에 배치한 시들은 대부분 자연이나 사물을 개성적인 눈으로 포착한 비유를 통해 새로운 의미를 부여하고 있다. 새로운 것만을 찾아 떠도는 것이 아니라 일상에서 마주하는 평범한 것들을 새로움으로 바라보게 하는 방법을 제시해 주는 시편들을 만나본다.

    하루의 수저질을 마친 부전나비 한 마리
    사람들이 오가는
    간이침대 같은 망초꽃에서
    어스름을 덮고 풋잠에 빠져 있다
    두 날개가
    가라앉았다 떴다
    자다 깨다를 반복한다
    노櫓를 놓친 돛단배가
    밤바다를 흘러가는 것처럼
    기우뚱거리는
    그 야윈 잠결
    어떤 걱정이 따라오는지,
    가위눌림에 온몸을 떨듯이
    꽃 벼랑을 오르내리는

    그 밤
    불치병 아내를 돌보던 사내가

중환자실 문 앞을 오락가락 서성이고 있다
−시 〈꽃 위의 잠〉 전문

  비유는 어디에서 오는가? 그 출발점은 생각하는 관찰인 사관思觀이다. 루트 번스타인의 저서 『생각의 탄생』에서도 창의적 사고의 첫 번째로 꼽는 과정이 관찰이다. 시인의 관찰이 과학자의 관찰과 차이점이 있다면 의인화를 통한 관찰일 것이다. 시인은 그 길을 누구보다 잘 알고 있는데 의인화를 통한 감정이입이 더 자연스러운 관찰법이다. 하여 관찰 렌즈에 포착된 한 마리 부전나비는 이미 나비가 아니다. 망초꽃은 간이침대며 '꽃 위의 잠'은 불안하기 짝이 없는 '기우뚱거리는 야윈 잠결'이다. 그리고 불안한 나비는 '불치병 아내를 돌보던 사내'로 변이한다. 비유와 일체화로 독자의 상상력을 이끌어내 감동의 극대화를 꾀하는 시의 특성이 매우 잘 드러난 작품이다.

꽃 속에 놀던 저 사내
가진 거 죄다 털리고 늘그막에 맨몸이네
한기가 골수에 사무치건만
부끄러움을 아는지 모르는지,
속곳마저 벗어 던지고
속속들이 알몸을 보여 주네

…중략…

그 모습 민망했던지,
누군가

간밤에 흰 홑치마로 설풋 가려 놓아
은근히 눈웃음 흘리게 되네
—시 〈겨울산 1〉 일부

시인의 눈에 비친 빈손과 맨몸의 겨울산은 한 사내의 늘그막 모습이다. 누군들 꽃 피는 봄날과 넉넉하고 풍성한 한때가 없었을까마는 있을 때 잘 간수하고 자기 관리를 엄격히 하여 한 점 부끄럼 없이 노년을 사는 사람이 얼마나 될까. 가 보지 않는 길에 대한 아쉬움이나 회한, 지나온 길에 대한 후회나 반성은 한 세상 살고 난 뒤에 누구나 느끼는 감상일 터. 그러나 부끄럼조차 없이 '속곳마저 벗어 던지고/ 속속들이 알몸을 보여 주'는 늙음은 없는지 돌아보게 한다. 그나마 지난밤 내린 눈이 '흰 홑치마로 설풋 가려 놓아/ 은근히 눈웃음 흘리게 되네'로 마무리함으로써 분위기를 전환하는 데 성공하고 있다.

시 〈옹이의 문체〉도 늙은 자작나무 밑동의 옹이를 한 사람이 살아온 굴곡진 궤적을 새긴 아름다운 문체로 읽는다. 그리고 '그 자작나무에게 말간 달빛도 오래도록 살다 갔습니다'라고 표현함으로써 맑은 영혼이 전하는 메시지에 마음이 따뜻해진다. 비유의 향연이라 해도 좋을 2부에 실린 작품 중 4행의 기행시인 〈고군산도〉는 시인의 장기인 메타포만으로 그려낸 시이다. '징검돌처럼 엎드린 섬들'을 '반짝거리는 그릇들'이라거나 돌고래들이 눌러보는 '초인종', '가부좌 튼 수행승'으로 바라보는 시인의 눈이 놀랍도록 신선하다. 언어를 사용하는 인간이 가지는 최상의 사치품이 개성적인 비유어의 사용이라는 말에 고개를 끄덕이게 한다.

4. 시적 완성을 향해 가는 열정의 시

우리에게도 널리 알려진 글쓰기 안내책 〈유혹하는 글쓰기〉에서 미국의 작가 스티븐 에드윈 킹은 "글을 잘 쓰려면 연장을 골고루 갖추는 게 중요하다."라고 하며 연장통 맨 위 칸에 '어휘'를 넣으라고 조언한다. 모든 글쓰기는 어휘를 선택하는 것에서 시작하기 때문이다. 농부든 목수든 기술자든 예술가든 한 분야의 전문가는 자기만의 연장을 잘 다루는 장인이다.

너무나 평범한 말이지만 문학은 언어 예술이다. 그리고 그 정점에 시가 있다. 시인은 글쓰기의 장인이 되어야 하며 그 중심 도구는 어휘이다. 좋은 시는 짧은 글 속에 많은 이야기를 담고 있는 것이며, 쓰는 말은 쉽지만 뜻은 깊은 것이어야 한다. 새롭고 적절한 비유와 함께 생경한 말보다는 아름답고 쉬운 말을 쓰되 꼭 필요한 말을 찾아 제자리에 앉힐 줄 아는 예민한 감각이 필요하다.

3부 〈꽃송이 같은 약속〉에 배치한 18편의 작품도 좋은 시의 특성을 두루 갖추고 있지만 풍부한 어휘 활용으로 시어의 운용이 눈부신 시들을 찾아본다.

해질녘
자벌레 한 마리
한 뼘 졸가리 위를
풀씨만치 밀어

풀씨만치 기어가다
곤두박여도,
노을 짚고 일어난

저 자벌레
한 뼘 줄에
온 생의 배밀이를 하여
한 점, 두 점
줄임표로
밀어 기고 구르고 있다

온점은 아득히 머나먼데
-〈시여〉 전문

  뜨겁게 불타던 하루가 기울어가는 해질녘 한 뼘 나무 졸가리를 있는 힘을 다해 배밀이로 기어오르는 자벌레를 본다. 늦은 나이에 시를 붙잡고 애쓰는 자신의 모습이 투영된다. 남이 보면 별것 아닌 행위로 보일지 모르지만 '온 생의 배밀이'로 한 점 한 점 밀고 기고 구르며 올라 아득히 먼 온점에 이르는 과정이 시를 향한 길, 시인의 길인지 모른다. 자벌레가 풀씨만 한 걸음을 멈추지 않듯 시인 또한 고통이 따르는 시의 길을 걸어가 기어이 목표에 도달해 보겠다는 의지가 담겨 있다.

  홍화 꽃밭 샛길에
  귀고리 한 짝 놓친 채 잊고 지내다

묵은 체증으로 도지고 저려 와
꿈결에 찾아가
어제를
죄다 들춰 헤친다
그 홍화 꽃밭은 온데간데없고

눈뜨면
입맞춤했던 그때처럼
뺨에 꽃베개 자국이 찍혀 있다
비껴간 입김으로
다녀간 걸음으로
―〈첫사랑〉 전문

첫사랑을 이렇게 애잔하고 아름답게 표현한 시가 있었던가. 첫사랑은 인생에 있어 첫 연정이고 몸살이며 이루어지지 않는 경우가 많아 일생을 두고 기억의 무늬로 남는 것이다. 김기림 시인은 〈길〉이란 글에서 첫사랑을 "조약돌처럼 집었다가 조약돌처럼 잃어버린 것"이라고 했지만 그것은 끝내 무엇과도 바꿀 수 없는 순수하고 가장 빛나는 추억의 보물이다. 그래서 누군가는 "첫사랑의 맑은 정신을 맛보지 못했거나 첫사랑의 기억을 쉽게 잊고 사는 사람은 혼탁한 세상에 물들기도 쉽다"라고 했다.

그 첫사랑을 시인은 놓친 채 잊고 지내던 '홍화 꽃밭 샛길에/ 귀고리 한 짝'으로 소환한다. 애지중지하던 귀고리 한 짝은 너무 아깝고 아쉬워 꿈결에도 찾아가 들춰 헤치며 찾아보지만 감감하기만 하다. 잠에서 깨면 '비껴간 입김, 다녀간 걸음' 같은 입맞춤의 추억을 '뺨에 꽃베개 자국이 찍혀 있다'고 읊조린다. 어렵지 않은 일상 어휘가 모두 제자리를 차지하고 역할을 다해 의미 전달과 공감의 극대화에 기여하고 있다.

    하느님도 흥허물을 보이고 싶을 땐 빗소리로

    고해성사하듯
    햇발을 어둠의 장막으로 가린 채 집집마다 발걸음을 하시다

    속마음을 드러내듯이
    보슬비 같은 밀어를 소곤거리며 기웃기웃 돌아다니시다

    부아를 퍼붓듯이
    장대비 같은 꾸지람을 쏟아내다 서럽게 흐느끼기도 합니다

    친밀한 하느님,
    묵정밭의 제 마음도 실비로 꿰매 꽃과 나비 뛰놀도록 해 주세요
    ―〈빗소리에, 문득〉 전문

    고백하듯 기도하듯 이어간 짧은 시 〈빗소리에, 문득〉도 언급하고 싶은 시이다. 절대자인 하느님에게도 흥허물이 있다는 발상이 불경스러우면서도 위안이 된다. 인간

은 부족함을 채우며 성숙해 가야 하는 존재이기 때문에 지혜로운 이웃집 어른 같은 '친밀한 하느님'께 부탁한다. '묵정밭의 제 마음도 실비로 꿰매 꽃과 나비 뛰놀도록 해' 달라고.

같은 목소리의 시 〈필사하다〉도 완성도 높은 시이다. 눈먼 남편과 귀먹은 아내인 노부부가 봄날 목련 꽃 그늘 아래를 걸어가는 눈물겹도록 정겨운 모습을 '시간이 익힌 정은/ 저토록 녹슬지 않은 채 깊어지고 있습니다'라며 한 폭의 풍경화로 그려내고 있다. 그림은 붓으로 그린 시요, 시는 글로 쓴 그림이란 말처럼 이미지화에 성공한 작품이다. 거기에 더해 '이 눈부신 봄밤의 고요를/ 목련도 하얀 꽃그늘로 필사하고 있습니다'라는 마무리 표현은 시심여선詩心如仙의 경지를 보여주는 데 모자람이 없다.

5. 영혼의 무게를 가늠하는 시인의 소망과 다짐

시를 쓰는 일은 영혼을 맑게 하여 부끄럽지 않게 한 생을 살아가려는 구도의 과정과 닮았다. 생명에 대한 연민과 말과 양심, 그리움에 대해 예민한 촉수를 가진 시인은 남들보다 더 아프고 더 많은 상처를 앓으며 살아가는 운명을 기꺼이 받아들이며 살아가는 존재인 까닭이다. 메멘토 모리를 책상 앞에 써 놓고 수행했다는 서양의 수도사들처럼 날마다 죽음을 기억하고 자신을 돌아보며 영혼의 무게를 스스로 저울질해본다.

딸기 농사가 생업인 인디언들은

딸기밭을 밟아가야 하늘에 닿는다고 믿었다
나는 저 인디언들처럼
어디를 들러야 하늘 문고리를 만져 볼 수 있을까,
긴 세월 밥을 했으니 들녘을 돌아야
천상으로 이사를 할 수 있으려나,
아니 그보다 오래 읽기와 쓰기에 정분났으니
서재에 잠시 머물다 가겠다
책상 위 손때 묻은 시집을 만져 보다
밑줄 친 한 줄을 외워 외워 가
하늘 지붕에 종으로 걸어 두고서
거기, 지친 사람들 마음을 만져 주고 싶다
−〈하늘로 가는 길〉 전문

  천국이고 극락을 가리키는 하늘나라, 떠나온 곳이 있으니 가야 할 곳도 반드시 있을 터. 생의 최종 목표이자 지향인 그곳에 이르는 길은 어떠할까. 그 어리고 순수한 영혼을 가진 어린 왕자조차 육신의 무게를 버려야 갈 수 있었던 나라에 얼마나 가벼워야 이를 수 있을까. 어떤 과학자의 실험에 의하면 삶과 죽음 직후의 체중 변화가 21그램이었다고 한다. 그래서 생겨난 말이 인간 영혼의 무게가 21그램이었다고 하지만 그것은 어디까지나 물리적 현상일 뿐 애초에 영혼의 문제가 아닐 것이라고 본다.

  그런가 하면 유럽의 오래된 성당에는 저울로 영혼의 무게를 재는 장면이 있어 눈길을 끈다. 불교에서 말하는 업경대業鏡臺처럼 죽은 자들이 천국으로 갈 때 살아온 날의 심판으로 영혼의 무게를 잰다는 것이다. 그 무게는 결코

가벼워서는 안 되는 법. 한 생의 믿음과 기도와 실천의 무게일 테니 종잇장처럼 가벼워서는 천국행 열차에 탈 수 없다는 상징적 의미일 것이다. 시인은 생전의 무슨 공적과 보람을 가지고 하늘로 갈 수 있을까를 생각한다, 그러면서 마지막 가는 길에는 '서재에 잠시 머물다 가겠다'고 다짐한다. 그리고 '밑줄 친 한 줄을 외워 외워 가' 그곳에 가서도 지상에서 했던 것처럼 '지친 사람들 마음을 만져 주고 싶다'고 소망한다. 그렇게 박담 시인은 '밑줄 친 한 줄' 시, 아니 '밑줄 칠 한 줄 시'를 꿈꾸며 생사를 넘어 불멸의 시인이 되기를 꿈꾸는 것이다.

> 후미진 골목, 입간판은 없어도
> 입소문 타고 찾아와
> 가슴 시린 누구나 불 쬐고 가는
> 그런 밥집 여자라면
> 꽃 자수 식탁에
> 수저 자음모음처럼 놓아두고
> 제철 채소 같은
> 시어詩語를 말갛게 씻어 안치련다
> 밥물 잡듯
> 내 안의 그늘을 끄집어내
> 오늘을 쓰련다
> 비록 변두리를 맴돌지만
> 마음과 품을 아낌없이 내주며
> 시의 밥상 정갈하게 꾸려 내며 늙어가련다
> —〈어느 시인〉 전문

시인은 거창하고 화려한 이름으로 남기를 원하지 않는다. 그저 '입소문 타고 찾아와 / 가슴 시린 누구나/ 불 쬐고 가는' 밥집 여자 같은 시인이 되기를 꿈꾼다. 14행의 시에 녹아낸 시어 하나하나가 보석처럼 반짝인다. '꽃 자수 식탁에/ 수저 자음모음처럼 놓아두고/ 제철 채소 같은/ 시어詩語를 말갛게 씻어 안치'며 무럭무럭 늙어가는 시인. 아름다운 다짐의 시 <어느 시인> 한 편으로도 박담 시인은 더 이상 시의 '변두리'가 아닌 중심가에 들어서 있음을 눈 밝은 독자는 알 수 있으리라 본다.

그 밖에도 시 <뒷손>에서 대학을 졸업하고도 끊임없이 힘이 되어 준 무학의 할머니, 초등학교를 졸업한 어머니보다 못한 삶을 사는 것을 두고 '허구의 말들을 뒷손에 쥐고 놓는 헛꿈만 꿀 뿐입니다'라고 고백하며 자신을 돌아보는 거울을 닦는 일을 게을리하지 않는다. 이 또한 시인으로서 앞으로의 활동에 대한 믿음을 가지게 한다.

6. 나가는 말

그의 시 <별빛 같은 부름말>을 보면, 지금까지 주변 사람들에게 불린 박담 시인의 호칭은 박 보살님, 아니면 박 선생님이었다. 그가 어떤 사람으로 살아왔는지를 짐작하게 하는 대목이다. 시인은 그 '그 별빛 같은 두 호칭'에 대해 낯설고 부끄럽다고 한다. 겸손과 겸양의 모습이고 하심下心의 자세이다.

오래 숙성시킨 79편의 시를 모아 첫 시집 『꽃 위의 잠』을 펴내며 시인은 이제 박담 시인으로 불러주기를 소망한다. 내 빛깔과 향기에 맞는 이름을 불러주는 이에게 다가가 그의 꽃이 되고 싶다고 노래한 김춘수 시인의 시 <꽃>에서처럼 박담 시인 또한 자신을 시인이라 불러주는 사람에게 '그이의 구부정한 등 뒤 슬픔을 다독여 / 오래오래 글썽거려 주고 싶다'고 다짐한다. 첫 시집에서 이만한 역량을 보여준 경우도 드물거니와 시인으로서의 자세와 긍지, 독자에 대한 배려가 느껴져 공감을 불러온다.

이미 훌륭한 시인이고 이전에도 시인의 가슴으로 살아온 박담 시인, 시집의 마지막 페이지를 읽으며 미련이 남는 분들은 손글씨로 눌러 쓴 듯한 첫머리 <천마산에서 보내는 편지>를 다시 읽어 보시기를 바란다. 시인이 보낸 초청장을 가지고 그곳에 가면 향기롭게 익어가는 산골 여자, 시인이 오늘도 '오는 길 열어 놓고/ 연필 글씨로 비질하고 기다리'고 있을 테니.